आस्मां फुर्सत में है

आस्मां फ़ुर्सत में है

मदन मोहन दानिश

MANJUL
मंजुल पब्लिशिंग हाउस

MANJUL

मंजुल पब्लिशिंग हाउस

कॉरपोरेट एवं संपादकीय कार्यालय

• द्वितीय तल, उषा प्रीत कॉम्प्लेक्स, 42 मालवीय नगर, भोपाल-462 003

विक्रय एवं विपणन कार्यालय

• सी-16, सेक्टर 3, नोएडा, उत्तर प्रदेश, 201301

वेबसाइट : www.manjulindia.com

वितरण केन्द्र

अहमदाबाद, बेंगलुरू, भोपाल, कोलकाता, चेन्नई,
हैदराबाद, मुम्बई, नई दिल्ली, पुणे

आस्मां फुर्सत में है

कॉपीराइट © 2017 मदन मोहन दानिश

सर्वाधिकार सुरक्षित

यह संस्करण 2018 में पहली बार प्रकाशित

ISBN 978-93-81506-49-3

यह पुस्तक इस शर्त पर विक्रय की जा रही है कि प्रकाशक की लिखित पूर्वानुमति के बिना इसे या इसके किसी भी हिस्से को न तो पुनः प्रकाशित किया जा सकता है और न ही किसी भी अन्य तरीक़े से, किसी भी रूप में इसका व्यावसायिक उपयोग किया जा सकता है। यदि कोई व्यक्ति ऐसा करता है तो उसके विरुद्ध कानूनी कार्रवाई की जाएगी।

भारत में ग़ज़ल की तारीख़ तक़रीबन सात सौ साढ़े सात सौ साल लम्बी है। इस लम्बी यात्रा में ग़ज़ल कई मोड़ और मंज़िलों से गुज़री है। गोलकुण्डा के बादशाह मो. क़ुली क़ुतुबशाह से मौजूदा अहद तक ग़ज़ल ने अपने सफ़र में कहीं मेहबूबा के हुस्न के क़सीदे गाए हैं, कभी उसके फ़िराक़ में आँसू बहाए हैं, कभी वक़्त की तब्दीलियों के साथ क़दम बढ़ाए हैं, कभी सियासत से क़दम मिलाए हैं और कभी ज़िन्दगी के शख़्सी उतार-चढ़ाव के मेयार बनाए हैं। ग़ज़ल एक विधा के रूप में ऐसा आईना है जिसमें हर युग अपनी धूप-छाँव के साथ देखा जा सकता है। इसकी तारीख़ ने इसे संजीदगी दी है और इसके सफ़र ने इसे पाकीज़गी दी है। ग़ज़ल अपने मिज़ाज से इशारों, संकेतों, प्रतीकों और बिम्बों की भाषा में बात करती है। ये परदे के पीछे के चेहरे के समान है जो एक चेहरे में कई चेहरों की कल्पनाओं से सुसज्जित है। ग़ज़ल एक विधा ही नहीं कल्चर है, तहज़ीब है, इतिहास है। ये रोती हुई शाइस्तगी के साथ है, हँसती हुई पाकीज़गी के साथ है, चलती हुई दिलकशी के साथ है और बढ़ती हुई ज़िन्दगी के साथ है।

दानिश की ग़ज़ल अपने शख़्सी दायरे में इस विधा के तक़ाज़ों का एहतराम भी करती है और इन्ही पाबन्दियों में अपने अन्दाज़ में सँवरती है। वो आज के शायर हैं। आज की ज़िन्दगी से उनकी ग़ज़ल का रिश्ता है। इस रिश्ते को उन्होंने ग़ज़ल के तवील इतिहास के शऊर से ज़ियादा पुख़्ता बनाया है और जो जिया है उसे ग़ज़ल में दर्शाया है। उन्होंने अपने लिए जिस भाषा का इन्तख़ाब किया है वो सड़क पर चलती भी है, वक़्त के साथ बदलती भी है, चाँद के साथ ढलती भी है - सूरज के साथ निकलती भी है। ये वो भाषा है जो घर की बोली में खनकती है, गली-चौराहों में महकती है, परिन्दों की उड़ानों में चहकती है, दरख़्तों की शाख़ों में लहकती है और अपने एकांत में अपने ग़म के साथ सिसकती भी है। दानिश की ग़ज़ल में ये उड़ान उनकी ज़िन्दगी की तरह उनकी अपनी तलाश है जिसके रिश्तों की बुनियाद वो समाजी रवैया है जो व्यक्ति और समाज के सम्बन्धों को नए सिरे से पहचानने का साहस करता है। यक़ीन है दानिश का यह ग़ज़ल संग्रह पाठकों से अपने महत्त्व को मनवाएगा।

— निदा फ़ाज़ली

हिन्दी-उर्दू की साझी सांस्कृतिक परंपरा जितने सहज आत्मविश्वास से ग़ज़ल में बोलती है, शायद किसी और साहित्य रूप में नहीं। ऐसी लोकप्रिय विधा में रचने का आकर्षण जितना स्वाभाविक है, उसमें अपनी ख़ास पहचान बनाने की चुनौती उतनी ही कठिन।

कम से कम शब्दों में गहरी और दूरगामी बात कह पाना ग़ज़ल की अपनी ख़ूबी मानी जाती है, इस ख़ूबी को दानिश ने बख़ूबी साधा है। फ़ौरी राजनैतिक आशयों को कविता में सीधे-सीधे लाकर लोकप्रिय होने की सरल राह के बजाय उन्होंने धीरज का रास्ता चुना है। उनके यहाँ हर गुज़रते लम्हें को बरत लेने, ना बरत पाने पर बदगुमान होने के बजाय कोशिश है अपने लम्हे को ढूंढने की :

उस एक लम्हे को ढूंढो, जो तुमको ढूंढता है

गुज़रते लम्हों से यूं बदगुमान क्या होना

यह खोज इतिहास के प्रति उदासीन नहीं, हालाँकि बेशोर ज़रूर है :

हमारे राहनुमा भी कमाल करते रहे

जबाव देना था इनको, सवाल करते रहे

दानिश इतिहास-बोध को भी रेखांकित करते हैं, सोच और शोर के बीच के अंतर को भी :

कोई ये लाख कहे मेरे बनाने से मिला

हर नया रंग ज़माने को पुराने से मिला

फ़िक्र हर बार ख़मोशी से मिली है मुझको

और ज़माना ये मुझे शोर मचाने से मिला

दानिश के आत्म-अनुसंधान में ऐन निजी और स्पष्टतया सामाजिक आशय, मार्मिक संवाद करते सुने जा सकते हैं :

क्या सितम है वक़्त का, इस दौर का हर आदमी
है तो एक किरदार पर अपनी कहानी का नहीं

और

ये कहां की रीत है जागे कोई सोए कोई
रात सबकी है तो सबको नींद आनी चाहिए

दानिश की रचनात्मकता आश्वस्त करती है क्योंकि वे जानते हैं कि नया नक़्श हासिल करने के लिए कई पुराने नुक़ूश मिटाने पड़ते हैं :

मेरी तश्कील तो कुछ और हुई थी दानिश
ये नया नक़्श मुझे ख़ुद को मिटाने से मिला।

—प्रो. पुरुषोत्तम अग्रवाल
लेखक व समालोचक

8 सितंबर 1961 को उत्तरप्रदेश के ज़िला बलिया के रामगढ़ में जन्मे मदनमोहन दानिश की माँ का नाम श्रीमती अन्नपूर्णा मिश्रा और पिता का नाम श्री रामेश्वर मिश्रा है। उनकी शुरुआती परवरिश और हाई स्कूल तक की पढ़ाई उनके जन्म स्थान पर ही हुई। उसके बाद ज़िन्दगी उन्हें भोपाल से होते हुए ग्वालियर तक ले आई। इन दोनों तारीख़ी और तहज़ीबी शहरों में ही उनकी आगे की पढ़ाई-लिखाई हुई और नौकरी का सिलसिला भी...। आजकल वो आकाशवाणी ग्वालियर में एक ज़िम्मेदार ओहदे पर हैं।

मदनमोहन दानिश उर्दू शायरी की दुनिया का वो नाम हैं जो अपने मख़्सूस लहजे और ख़ास डिक्शन की वजह से अलग से पहचाना जाता हैं। मुश्किल से मुश्किल बात को भी आसानी से कह देने का कमाल मदनमोहन दानिश को हासिल है। उनकी शायरी की ख़ूबसूरती ग़ज़ल की उस तस्वीर में झिलमिलाती है जिसके कई शेड्स हैं। किसी में आम आदमी अपनी ज़िन्दगी की धूप-छांव की दास्तान लिए हुए मौजूद होता है तो किसी शेड में रिश्तों की तल्ख़ी और ख़ूबसूरती दिखाई देती है। उसमें कभी वो समाज भी नज़र आता है जो छोटी से छोटी चीज़ हासिल करने के लिए अपना ज़मीर और ईमान तक दांव पर लगाने को तैयार है तो उसी तस्वीर के किसी शेड में कुदरत उस लोक का सफ़र कराती हुई नज़र आती है जहाँ इंसान को अपनी असीम कुव्वतों का अंदाज़ा होता है। दानिश की शायरी ज़िन्दगी के मुख़्तलिफ़ रंगों से सजा हुआ एक ऐसा कोलाज़ है जिसमें हर आदमी को अपना रंग नज़र आता है। यही वजह है कि दानिश की शायरी की ख़ुशबू मुल्क की सरहदों से होती हुई दुनिया के तमाम मुल्कों में फैल चुकी है। अमेरिका, पाकिस्तान, दुबई, शारजाह, दोहा, क़तर और आबूधाबी जैसे कई मुल्कों, कई शहरों के अदबी मुशायरों में दानिश की शिरकत इसकी मिसाल है।

इसके पहले दानिश की पहली किताब 'अगर' अपने पढ़ने वालों से भरपूर मुहब्बत हासिल कर चुकी है। उन्हें कई अहम अदबी अवार्डों से नवाज़ा जा चुका है जिनमें कुल अदबी अवदान के लिए मध्यप्रदेश उर्दू अकादमी का महत्त्वपूर्ण अवार्ड, जयपुर का राष्ट्रीय डॉ. भगवतशरण चतुर्वेदी स्मृति साहित्य सम्मान, राष्ट्रीय अनामिका साहित्य परिषद सम्मान और अन्य शामिल हैं।

उन्हें मैं पत्र-पत्रिकाओं में अक्सर पढ़ता रहा लेकिन रूबरू सुनने का मौक़ा मिला इंदौर के एक अदबी मुशायरे में जिसमें हिन्दुस्तान के लगभग सभी अहम शोअरा शिरकत कर रहे थे। दानिश की पढ़ने की जब बारी आई तो हमारे साथ बैठे हमारे मित्र ने बताया कि इन्हें ख़ास तवज्जो के साथ सुनना और फिर इनकी शायरी का असर देखना... और ठीक यही हुआ। पूरी महफ़िल एक जादुई गिरफ़्त में थी। उनके शेर मेरे दिल तक उतरते चले गए। ये मेरे साथ पहली बार हुआ कि एक बार कोई शेर सुनूं और वह मेरी याददाश्त का मुस्तक़िल हिस्सा बन जाए। उस रात उनके कई शेर मेरी याददाश्त का हिस्सा बन गए... जो आज भी मेरे साथ सफ़र करते हैं।

ये कहां की रीत है जागे कोई, सोए कोई
रात सबकी है तो सबको नींद आनी चाहिए

मसअला तो इश्क़ का है, ज़िन्दगानी का नहीं
यूँ समझिये प्यास का शिकवा है पानी का नहीं

क्या सितम है वक़्त का, इस दौर का हर आदमी
है तो इक किरदार पर अपनी कहानी का नहीं

डूबने की ज़िद पे कश्ती आ गई
बस यहीं मजबूर दरया हो गया

गुज़रता ही नहीं वो एक लम्हा
इधर मैं हूँ कि बीता जा रहा हूँ

मैं अपनी गूँज को महसूस करना चाहता हूँ
उतर के मुझमें, मुझे ज़ोर से पुकारे कोई

किनारे पर खड़े रहते हैं मंज़र देखने वाले
समंदर में तो उतरेंगे समंदर देखने वाले

मुझे खुशी है कि मुझे उनकी किताब के लिए काम करने का मौक़ा मिला।

—सचिन चौधरी
संकलनकर्ता

ग़ज़ल अपने शायर को हर लम्हा रूमान में भी रखती है और इम्तिहान में भी। एक-एक लफ़्ज़ को उसके सामने सवाली बना कर पेश करती है... जो उम्मीद करता है कि उसका इस्तेमाल उसके उन मायनों में हो जहाँ वो चमत्कार पैदा करता है... जहाँ वो ज़िन्दगी और कायनात की मुश्किल गिरहों को बड़ी आसानी से खोल कर हैरत का वो संसार रच देता है जिसे देखने और महसूस करने की ख़्वाहिश हर इंसान को होती है।

ग़ज़ल चाहती है कि उसका शायर हर मंज़र के होने को न सिर्फ़ तस्लीम करे... बल्कि उसे इस शिद्दत से महसूस करे कि मंज़र ख़ुद उसे अपने पसमंज़र तक ले जाये... उसकी निगाह हैरान हो... वो देखे हुए के सरहद से आगे निकल कर उन नई सिम्तों को ईजाद करे जो उसे गुमशुदा मंज़िलों का सुराग़ दें। वो आपबीती को जगबीती और जगबीती को आपबीती बनाये। उसका दिल तड़प उठे और झकझोरे उन लोगों को जो हर लम्हा बाज़ार में तब्दील हो रहे हैं। वो बच्चों के साथ स्कूल जाये... बुजुर्गों के साथ बैठ कर बातें करे... उनके तजरुबों की झोली से ज़िन्दगी की कहानियां चुने... और ख़्वाब देखे। जो मुस्कुराये इश्क़ वालों को देखकर... नफ़रत करने वालों के गले में अपनी बाहें डाल कर लाचार कर दे उन्हें मुहब्बत को अपना ईमान बनाने के लिए। और उंगली पकड़ कर रास्ता बताये उन लोगों को जो अपनी महरूमी को अपनी ताक़त बनाने के बजाय उसे कमज़ोरी मान बैठे हैं और मायूसियों के जंगल में भटक रहे हैं। ग़ज़ल अपने शायर से क्या-क्या नहीं चाहती।

ग़ज़ल की इन ख़्वाहिशों को रूप देने के लिए शायर के तजरुबे उसका साथ निभाते हैं। इन तजरुबों में उसके माज़ी के खट्टे मीठे पल भी साँस लेते हैं और आज की तल्ख़ हक़ीक़तें भी। इन तजरुबों के साथ-साथ आने वाले कल की तस्वीर भी उसके तसव्वुर में झिलमिलाती है और उस कल को बेहतर बनाने का ख़्वाब भी।

हमारी शुरुआती परवरिश उस दौर में हुई जब ज़िन्दगी इस क़दर सहमी हुई और ख़ामोश नहीं थी। वो हम सबकी हमजोली हुआ करती थी... रोज़-रोज़ की तमाम मुश्किलों और चुनौतियों के बावजूद भी हँसती-खिलखिलाती, अल्हड़ और अलमस्त।

लालटेन की मद्धम रौशनी में झिलमिलाती हमारी शामें मानस की चौपाइयों, कबीर-रहीम के दोहों और ज़िन्दगी का सबक़ सिखाती कहानियों से सरशार रहतीं। बाग़-बग़ीचे, खेल-खलिहान, दरिया-झरने हम सबके थे। रिश्ते-नाते इंसानों के थे, जातियों और मज़हबों के नहीं। साझी विरासत वाला समाज हमारे वजूद की पहचान था। बहुत थोड़े में भी ख़ुश रहने की न जाने कितनी वजहें थीं।

हमारा माज़ी हर पल हमारे साथ होता है... हमारे अवचेतन का हिस्सा बना हुआ... और मौक़ा पाते ही हमारी चेतना, हमारी सोच को अपने गिरफ़्त में लेता हुआ। हम चाहें भी तो उससे अपना दामन छुड़ा नहीं सकते। माज़ी भला लगता है हमें, लेकिन इसका मतलब ये क़तई नहीं कि माज़ी में सब कुछ भला हो और हमारी ज़िन्दगी के आज से हमें सिर्फ़ शिकायतें ही हों। बेहिस इंसानों की भीड़... भागता हुआ चीखता-चिल्लाता वक़्त... एक दूसरे को स्वीकार न करने की एक ख़तरनाक ज़िद... और न जाने कितनी अस्वीकार्य स्थितियों के बावजूद हमारा आज इतना बुरा नहीं कि उसमें जीवन की कोमल लालसायें और ख़ूबसूरत रंग बचे ही न हों। हाँ – आज के बेमुरव्वत समाज और ज़िन्दगी की मासूम आरज़ूओं के बीच एक मुसलसल तकरार ज़रूर है।

ये तकरार शायर के एहसास को झकझोरती है। लफ़्ज़ों का लिबास पहनकर एहसास काग़ज़ पर उतरने और दिलों में फैल जाने के लिए बेताब हो उठते हैं। ग़ज़ल अपना रूप धरने लगती है... इस रूप के कई अक्स होते हैं। यही अक्स आपको इस किताब में जगह-जगह दिखाई देंगे, आपसे गुफ़्तगू करते हुए और आपकी तनहाई का साथ निभाते हुए।

निदा फ़ाज़ली हमारे अदब के आसमान का वो सितारा हैं, जो अपने आप में एक कहकशां है। मुझे ख़ुशी है कि इस किताब पर उनकी अहम राय हमें हासिल है, मैं शुक्रगुज़ार हूँ मोहम्मद अल्वी साहब का जिन्होंने अपनी राय से नवाज़ा। बहुत ममनून हूँ शीन काफ़ निज़ाम साहब का, किताब पर उनकी ख़ूबसूरत राय और अहम मशवरों के लिए। प्रो. पुरुषोत्तम अग्रवाल साहब की भूमिका इस किताब के मुख़्तलिफ़ पहलुओं को बहुत ख़ूबी से उजागर करती है, मैं उनका भी शुक्रगुज़ार हूँ।

—मदन मोहन दानिश

ग़ज़लें

नज़्म

अशआर

123-132

मेरी हर गुफ़्तगू ज़मीं से रही
यूँ तो फ़ुर्सत में आसमान भी था

ग़ज़लें

आधी आग और आधा पानी हम दोनों
जलती बुझती एक कहानी हम दोनों

भोर सुहानी, शाम सुहानी हम दोनों
आँखों की रौशन हैरानी हम दोनों

मंदिर-मस्जिद, गिरिजाघर और गुरुद्वारा
लफ़्ज़ कई हैं, एक मआनी हम दोनों

रूप बदल कर, नाम बदल कर आते हैं
फ़ानी[1] होकर भी लाफ़ानी[2] हम दोनों

ज्ञानी-ध्यानी, चतुर-सियानी दुनिया में
जीते हैं अपनी नादानी हम दोनों

आधा-आधा बाँट के जीते रहते हैं
रौनक़ हो या हो वीरानी हम दोनों

नज़र लगे ना अपनी जगमग दुनिया को
करते रहते हैं निगरानी हम दोनों

---

1. नश्वर 2. अमर

ख़्वाबों का इक नगर बसा लेते हैं रोज़
और बन जाते हैं सैलानी हम दोनों

तू सावन की शोख़ घटा, मैं प्यासा बन
चल करते हैं कुछ मनमानी हम दोनों

इक दूजे को रोज़ सुनाते हैं दानिश
अपनी-अपनी रामकहानी हम दोनों

और क्या आख़िर तुझे ऐ ज़िन्दगानी चाहिए
आरज़ू कल आग की थी, आज पानी चाहिए

ये कहां की रीत है, जागे कोई सोए कोई
रात सबकी है तो सबको नींद आनी चाहिए

क्यों ज़रूरी है किसी के पीछे-पीछे हम चलें
जब सफ़र अपना है तो अपनी रवानी चाहिए

इसको हँसने के लिए तो उसको रोने के लिए
वक़्त की झोली से सबको इक कहानी चाहिए

कौन पहचानेगा दानिश अब तुझे किरदार से
बेमुरव्वत वक़्त को ताज़ा निशानी चाहिए

कोई ये लाख कहे मेरे बनाने से मिला
हर नया रंग ज़माने को पुराने से मिला

उसकी तक़दीर अंधेरों ने लिखी थी शायद
वो उजाला जो चिरागों को बुझाने से मिला

फ़िक्र हर बार ख़मोशी से मिली है मुझको
और ज़माना ये मुझे शोर मचाने से मिला

और लोगों से मुलाक़ात कहाँ मुमकिन थी
वो तो ख़ुद से भी मिला है तो बहाने से मिला

पूछते क्या हो मिला कैसे ये जंगल को तिलिस्म
छांव में धूप की रंगत को मिलाने से मिला

मेरी तश्कील[1] तो कुछ और हुई थी दानिश
ये नया नक़्श मुझे ख़ुद को मिटाने से मिला

---

1. संरचना

मसअला तो इश्क़ का है, ज़िन्दगानी का नहीं
यूं समझिए प्यास का शिकवा है, पानी का नहीं

क्या सितम है वक़्त का, इस दौर का हर आदमी
है तो एक किरदार पर अपनी कहानी का नहीं

अनसुना करने से पहले सोच लो तुम एक बार
ख़ामशी का शोर है ये बेज़ुबानी का नहीं

काश तुम रौनक़ के पीछे का अंधेरा देखते
नक़्श जो तहरीर का है वो मआनी[1] का नहीं

वक़्त को क्या हो गया है, क्यों सुनाता है हमें
जंगली फूलों का क़िस्सा, रातरानी का नहीं

---

1. अर्थ

नेमतों का सिलसिला होती है क्या
रात ख़्वाबों का पता होती है क्या

कोई तो समझाओ, क्या होती है रात
रौशनी का तरजुमा होती है क्या

मेरे चुप रहने पे हंगामा है क्यूँ
ख़ामशी भी मुद्दआ होती है क्या

दिल में गर अफ़सोस ही ना हो तो फिर
जुर्म की कोई सज़ा होती है क्या

इंतिहा साँसों की होती हो तो हो
ज़िंदगी की इंतिहा होती है क्या

जो सबका था किसी का अब कहां है
ज़मीं इसकी है... उसका आस्मां है

मुसलसल चलने वाली दास्तां है
मुहब्बत जाविदां[1] थी, जाविदां है

कोई समझाए भी आवारगी को
तेरे अंदर ही तेरा मेहरबां है

किसी को क्या बताएँ, कैसा झगड़ा
हमारे और खुदा के दरमियां है

न जाने किसलिए है सबको शिकवा
मेरा माहौल मुझसे बदगुमां है

सुनाई देती है बस गूँज इसकी
सुनो तो शोर कितना बेज़ुबां है

सुनाते हो किसे दिन रात दानिश
ये किसके मौसमों की दास्तां है

---

1. शाश्वत, हमेशा रहने वाली

नवाज़िश है, ये नेमत दी गई है
मेरी आँखों को हैरत दी गई है

दरो-दीवार समझो तुम हवा को
फ़लक को मान लो छत दी गई है

सितम सहिए, ज़बानें बंद रखिए
यही जीने की सूरत दी गई है

मुहब्बत के तराने मत सुनाना
परिन्दों को हिदायत दी गई

मरो तो इश्क़ में आबाद होकर
तुम्हें इतनी तो मोहलत दी गई है

मेरी महफ़िल में चाँद आएगा दानिश
सितारों को भी दावत दी गई है

ये माना नींदों से अक्सर फ़रेब खाते रहे
हमारे ख़्वाब मगर फिर भी जगमगाते रहे

वो सादा लोग कहीं अब नज़र नहीं आते
जो दूसरों के लिए रास्ता बनाते रहे

कई सितारे जिन्हें आस्मां सताता रहा
उन्हें ज़मीन पे लाकर हमीं सजाते रहे

हमीं ने लम्हों को यक्जा[1] किया तो रात हुई
हमीं बिखेर के लम्हों को दिन बनाते रहे

फ़रिश्तों जैसे ही होते हैं तजरूबे दानिश
तमाम उम्र हमें रास्ता बताते रहे

---

1. इकट्ठा, एकत्रित

चलते रहने के लिए दिल में गुमां कोई तो हो
बेनतीजा ही सही पर इम्तिहां कोई तो हो

आसमानों के सितम सहती हैं इसके बावजूद
सब ज़मीनें चाहती हैं आस्मां कोई तो हो

क़हक़हों को याद रखती ही नहीं दुनिया कभी
इसलिए दुःख की भी प्यारे दास्तां कोई तो हो

मेहरबानों ही से बच कर आए थे तुम दश्त में
अब यहाँ भी लग रहा है मेहरबां कोई तो हो!!

कर रहा हूँ मैं दरख़्तों से मुसलसल गुफ़्तगू
इस घने जंगल में दानिश हमज़बां कोई तो हो

दुनिया की नज़रों में हूँ बेकार मैं
क्योंकि बन पाया नहीं बाज़ार मैं

ऊँची होती शोहरतों की बोलियाँ
और सर से पाँव तक इनकार मैं

तू है मुझमें साँस लेती सच्ची नज़्म
सब पसन्दीदा तेरे अशआर, मैं

सब रुतों में खिलने वाला फूल तू
फूल की ख़ुशबू का पहरेदार मैं

गुनगुनाते मौसमों की गूँज तू
बेसदा लम्हों का हूँ इज़हार मैं

दे सको तो ज़िंदगानी दो मुझे
लफ़्ज़ तो मैं हूँ, मआनी दो मुझे

खो न जाए मुझमें इक बच्चा है जो
यूँ करो, कोई कहानी दो मुझे

हमज़बां मेरा यहाँ कोई नहीं
लाओ अपनी बेज़ुबानी दो मुझे

है हवा दरकार मेरी आग को
कब कहा इसने कि पानी दो मुझे

एक मंज़िल ने तो दानिश ये कहा
रास्तों की कुछ निशानी दो मुझे

सदाएं देती है ये दुनिया बार-बार मुझे
मेरे ज़मीर कभी तू भी तो पुकार मुझे

कहानी उलझी है किरदार को मनाने में
है उसकी ज़िद कि अभी और कुछ संवार मुझे

कई दिनों से मुझे अपनी कुछ ख़बर ही नहीं
मेरे ख़याल, बुलन्दी से अब उतार मुझे

ये मुझसे हो नहीं सकता कि सच को सच न कहूँ
ज़माना करता है, करता रहे शिकार मुझे

दरीचे खोलता हूँ जब भी आसमानों के
दिखाई देता है क्या क्या फिर आर-पार मुझे

उधर है शाम, ज़मीं-आस्मां मिलाए हुए
इधर मैं याद को तेरी गले लगाए हुए

तो जगमगाने लगे अपनी लौ बढ़ाकर हम
सभी चराग़ मिले थे बुझे बुझाए हुए

हुई जो रात तो कपड़े बदल के आ बैठे
तमाम दिन के उजाले थके थकाए हुए

अब ऐसे लोग तो इक दास्तान हैं प्यारे
जो जीते रहते हैं किरदार को बचाए हुए

वो जिनमें कोई नई जुस्तजू नहीं दानिश
उन्हीं लबों पे हैं क़िस्से सुने सुनाए हुए

हरेक लम्हा मेरी आग में गुज़ारे कोई
फिर उसके बाद मुझे इश्क़ में उतारे कोई

मैं अपनी गूंज को महसूस करना चाहता हूं
उतर के मुझमें, मुझे ज़ोर से पुकारे कोई

अब आरज़ू है, वो हर शय में जगमगाने लगे
बस एक चेहरे में कब तक उसे निहारे कोई

फ़लक पे चाँद सितारे टंगे हैं सदियों से
मैं चाहता हूँ ज़मीं पर इन्हें उतारे कोई

है दुख तो कह लो किसी पेड़ से, परिन्दे से
अब आदमी का भरोसा नहीं है प्यारे कोई

आने वालों के लिए महृवे दुआ रहता हूँ मैं
"मैं हूँ दरवाज़ा मुहब्बत का, खुला रहता हूँ मैं"

ज़िन्दगी में बेसबब कुछ भी कभी होता है क्या
कोई चेहरा है तभी तो आइना रहता हूँ मैं

राहगीरों से मैं उनके तजरूबे सुनता रहूँ
इसलिए मन्ज़िल नहीं अब रास्ता रहता हूँ मैं

कोई हैरत या कोई अफ़सोस कुछ भी तो नहीं
जबकि वो हरगिज़ नहीं हूँ, जो बना रहता हूँ मैं

इसलिए कि रात का एहसास कुछ रौशन रहे
आसमानों में सितारों सा बिछा रहता हूँ मैं

जिस घड़ी होता है कोई मोजिज़ा[1] तख़्लीक़[2] का
उस घड़ी मैं कुछ नहीं रहता, ख़ुदा रहता हूँ मैं

मुझमें मुझको ढूंढना दानिश ज़रा दुश्वार है
यूं समझिये सांस भर ख़ुद में बचा रहता हूँ मैं

---

1. चमत्कार 2. सृजन

सितारे जिनकी बहुत देखभाल करते रहे
हम ऐसी सारी शबों को निहाल करते रहे

हमारे राहनुमा भी कमाल करते रहे
जवाब देना था इनको, सवाल करते रहे

मगर नदी ने सुनी ही नहीं किनारों की
ये और बात कि वो अर्ज़े-हाल करते रहे

तमाम रात मेरी नींद मुझको डसती रही
तमाम ख़्वाब मेरी देखभाल करते रहे

तमाम उम्र तुम्हीं मुतमइन रहे दानिश
तमाम उम्र तुम्हीं थे, मलाल करते रहे

ज़िदों को अपनी तराशो और उनको ख़्वाब करो
फिर उसके बाद ही मंज़िल का इंतख़ाब करो

मुहब्बतों में नए क़र्ज़ चढ़ते रहते हैं
मगर ये किसने कहा है कभी हिसाब करो

तुम्हें ये दुनिया कभी फूल तो नहीं देगी
मिले हैं कांटे तो कांटों को ही गुलाब करो

सियाह रातो! चमकती नहीं है यूं तक़दीर
उठाओ अपने चिराग़ों को माहताब करो

कई सदाएं ठिकाना तलाश करती हुईं
फ़िज़ा में गूंज रही हैं, उन्हें किताब करो

किसी के रंग में ढलना ही है अगर दानिश
तो अपने आप को थोड़ा बहुत ख़राब करो

अगर लब पर किसी के सिर्फ़ इक मुस्कान होती है
तो फिर अंजान सूरत भी कहाँ अंजान होती है

मैं उसकी याद को दुनिया के सब मंज़र दिखाता हूँ
वो इक मासूम लड़की की तरह हैरान होती है

बनाता रहता हूँ तस्वीर आने वाले लम्हे की
ये माना शक्ल उसकी अजनबी, अंजान होती है

सुनहरी इक परी है फ़िक्र की जो कम निकलती है
मगर जब मेज़बां हम हों तो वो मेहमान होती है

मज़ा तो जब है मेरा इश्क़ ही पहचान हो तेरी
कि जैसे कोई ख़ुशबू फूल की पहचान होती है

सलीक़ा हमको जीने का सिखाया है मुहब्बत ने
वगरना ज़िन्दगी दानिश कहाँ आसान होती है

जाने किस किस की निगेहबानी में है
फिर भी ये दुनिया परेशानी में है

जल रहा है क्यों जब इक दरया है वो
कौन सी है आग जो पानी में है

होशियारी नोच लेगी सारे ख़्वाब
लुत्फ़ जो भी है, वो नादानी में है

हाय गुलज़ारों की वो महरूमियां
हाय वो लज़्ज़त जो वीरानी में है

रात इक बेख़ौफ़ औरत है तो फिर
चांद उसकी क्यों निगेहबानी में है

आस्मां का ये भरम भी ख़ूब है
सारा आलम उसकी निगरानी में है

आस्मां से कीजिए फ़रियाद क्या
आज तक आई कभी इमदाद[1] क्या

हो गए तुम फिर कहीं आबाद क्या
हिल गई तन्हाई की बुनियाद क्या

अच्छी रौनक़ है तुम्हारी बज़्म में
आ गए सब शहर के बरबाद क्या

ज़िन्दगी ने अबके पूछा है मुझे
सच में होना है तुझे आज़ाद क्या

हसरतों की भीड़ कम होती नहीं
चाहता है अब दिले-बरबाद क्या

---

1. मदद

तुम अपने आप पर एहसान क्यों नहीं करते
किया है इश्क़, तो ऐलान क्यों नहीं करते

सजाते रहते हो महफ़िल हमेशा चांद के साथ
कभी सितारों को मेहमान क्यों नहीं करते

वो देखते ही नहीं जो है मंज़रों से अलग
कभी निगाह को हैरान क्यों नहीं करते

पुरानी सिम्तों[1] में चलने की तुमको आदत है
नई दिशाओं का तुम ध्यान क्यों नहीं करते

बस इक चिराग़ के बुझने से बुझ गये दानिश
तुम आंधियों को परेशान क्यों नहीं करते

---

1. दिशा

है इन्तज़ार मुक़द्दर तो इन्तज़ार करो
पर अपने दिल की फ़ज़ा को भी ख़ुशगवार करो

तुम्हारे पीछे लगी हैं उदासियां कब से
किसी पड़ाव पर रूककर इन्हें शिकार करो

हमारे ख़्वाबों का दर खटखटाती रहती हैं
तुम अपनी यादों को समझाओ, होशियार करो

भली लगेगी यही ज़िन्दगी, अगर इसमें
ख़यालो-ख़्वाब की दुनिया को भी शुमार करो

भरोसा बाद में कर लेना सारी दुनिया पर
तुम अपने आप पर तो पहले ऐतबार करो

कुछ इस मक़ाम से अब दिल का कारवां गुज़रे
यक़ीं की हद से जो गुज़रे तो बेजुबां गुज़रे

ये इत्तिफ़ाक़ कहां है कि आंख भर आई
मोहब्बतों में कोई कैसे बेनिशां गुज़रे

मुझी से होके गुज़रती है राह दुनिया की
सो मुझसे होके ज़मीं और आस्मां गुज़रे

तअल्लुक़ात में वो मरहले[1] भी कैसे थे
यक़ीन और गुमां के जो दरमियां गुज़रे

तिलिस्मे रंग में उलझे हुए हैं सब दानिश
जो देखने हैं, वो मंज़र अभी कहां गुज़रे

---

1. पड़ाव

कोई समझौता अबके हो गया क्या
अकेला पड़ गया है मुद्दआ[1] क्या

हवा पाज़ेब पहने आ रही है
कहीं बारिश का मौसम आ गया क्या

नए मंज़र उभरते जा रहे हैं
किसी ने रंग पहना है नया क्या

फ़लक से रूठकर देखें किसी दिन
उतरता है कोई फिर मोजिज़ा[2] क्या

वो जिसने ढाई आखर पढ़ लिए हैं
उसे फिर इब्तिदा क्या, इन्तिहा क्या

इसी जंगल के बाशिन्दे हो दानिश
यहां से बन्द है हर रास्ता क्या

---

1. इश्यू 2. चमत्कार

ये माना इस तरफ़ रस्ता न जाए
मगर फिर भी मुझे रोका न जाए

बदल सकती है रूख़ तस्वीर अपना
कुछ इतने ग़ौर से देखा न जाए

उलझने के लिए सौ उलझने हैं
बस अपने आप से उलझा न जाए

इरादा वापसी का हो अगर तो
बहुत गहराई में उतरा न जाए

हमारी अर्ज़ बस इतनी है दानिश
उदासी का सबब पूछा न जाए

अजब मुश्किल में सर रहने लगा है
सफ़र में साथ घर रहने लगा है

ये जिसके पीछे-पीछे वुसअतें[1] हैं
वही तो मुख़्तसर[2] रहने लगा है

नदी ने रोककर मुझको बताया
कि मुझमें इक भंवर रहने लगा है

उसी ने राह रोकी है ख़ुशी की
तेरे दिल में जो डर रहने लगा है

चमकता था कभी ख़्वाबों में दानिश
वो मंज़र याद भर रहने लगा है

---

1. विस्तार 2. संक्षिप्त

किनारे पर खड़े रहते हैं मंज़र देखने वाले
समन्दर में तो उतरेंगे समन्दर देखने वाले

सितारे कुछ बताते हैं नतीजा कुछ निकलता है
बड़ी हैरत में हैं मेरा मुक़द्दर देखने वाले

कभी अपने भी अन्दर देख, अपनी भी तलाशी ले
मेरी बुनियाद का एक-एक पत्थर देखने वाले

यहाँ की रौनक़ों में जी न लग जाए कहीं तेरा
ज़मीं को आसमानों से उतर कर देखने वाले

न जाने कितनी यादों के दरीचे खुलने लगते हैं
सफ़र में जब भी मिलते हैं पलट कर देखने वाले

मुझमे नदियों का बहता पानी है
इसलिए लहजे में रवानी है

एक ख़ुशबू के पीछे गुलशन में
कुछ परिन्दों में खींचा तानी है

कितने नक़्ली हैं आज के किरदार
किस क़दर गुमशुदा कहानी है

उसकी यादों से मशवरा कर लूँ
उसकी तस्वीर फिर बनानी है

फिर मुझे मुश्किलों ने समझाया
कितनी आसान ज़िन्दगानी है

ख़ामशी लय में आ गई दानिश
अब तबीअत पे हुक्मरानी है

हम इश्क़ वाले हैं, देखो हमें नज़ीर हैं हम
ग़रीब होते हुए दौर में अमीर हैं हम

इस अंधी दौड़ में आगे निकलने की ख़ातिर
जिसे मिटाया था तुमने वही लकीर हैं हम

वगरना तुमको तुम्हारी चमक ही डस लेगी
हमारी दस्तकें सुनते रहो ज़मीर हैं हम

तू अपने ख़्वाब में क्या क्या हमें बनाता रहा
तेरे बनाए हुए शाह हैं, फ़क़ीर हैं हम

शिनाख़्त अपनी मुकम्मल हुई है अब जाकर
तेरे ख़मीर से उड़ा हुआ ख़मीर हैं हम

अंदेशों का जाल हटाकर तो देखो
अपने ख़ौफ़ से आंख मिलाकर तो देखो

पेड़, परिन्दे सब साथी बन जाएंगे
तुम इनको किरदार बनाकर तो देखो

नाम का एक-एक हर्फ़ चमकने लगता है
नाम में कोई नाम मिलाकर तो देखो

आवाज़ों की दुनिया से जो बाहर है
उसको भी आवाज़ लगाकर तो देखो

तनहाई जब डसने पर आमादा हो
एक अकेले शोर मचाकर तो देखो

बात इतनी समझ में आई है
सिर्फ़ इक दिल की रहनुमाई है

सबके जैसा मैं क्यों नहीं होता
मेरी ख़ुद से यही लड़ाई है

सैकड़ों रास्ते निकल आये
एक दीवार दिल ने ढाई है

आप किरदार ढूंढिए अपना
हमने तो दास्तां सुनाई है

क़हक़हों का तिलिस्म टूट गया
दर्द ने जब हँसी उड़ाई है

कुछ तो सीखो कबीर से दानिश
इश्क़ का नाम ही ख़ुदाई है

कमरे के जिस कोने में गुलदान रहा
वो कोना ही जाने क्यों वीरान रहा

पाने खोने की ज़द से बाहर लाए
ऐसे ख़्वाबों का कितना एहसान रहा

बीच भंवर से कश्ती कैसे बच निकली
बहुत दिनों तक दरया भी हैरान रहा

हर आहट पर तेरी ख़ुशबू आती थी
जब-जब तेरे आने का इम्कान रहा

पत्ते का हर सुख, जिस दुख का हासिल है
पेड़ के उस दुख से पत्ता अंजान रहा

दानिश जब तक इश्क़ का पानी नहीं लगा
दिल का पौधा बेरौनक़, बेजान रहा

इधर क्या-क्या अजूबे हो रहे हैं
मरीज़े-इश्क़ अच्छे हो रहे हो

मुहब्बत, रतजगे, आवारागर्दी
ज़रूरी काम सारे हो रहे हैं

बदौलत इश्क़ के ताज़ा हैं हम तुम
वगरना तो पुराने हो रहे हैं

ज़रा सी ज़िन्दगी है, चार दिन की
उसी में सब तमाशे हो रहे हैं

कभी आंसू कभी मुस्कान दानिश
मुहब्बत है, करिश्मे हो रहे हैं

जिसको भी देखो ख़रीदार निकल आएगा
फिर तो कुल शहर ही बाज़ार निकल आएगा

अपने पत्थर को ज़रा और तराशोगे अगर
इक चमकता हुआ किरदार निकल आएगा

अपनी ख़ामोश तबीअत पे यक़ीं है मुझको
वो सरापा, मेरा इज़हार निकल आएगा

भेद सब खोल दिए अश्कों ने बाहर आकर
कब ये सोचा था गुनहगार निकल आएगा

इश्क़ पड़ताल अगर कर ले कभी तो दानिश
शहर का शहर तलबगार निकल आएगा

जब दोस्ती रही न कोई दुश्मनी रही
फिर किसलिये हयात मुझे ढूंढती रही

उस अंजुमन में सबकी तवज्जो मुझी पे थी
मैं चुप हुआ तो देर तलक ख़ामशी रही

हर लफ़्ज़ जगमगाता रहा उस मक़ाम तक
जब तक हमारी फ़िक्र में इक रौशनी रही

मंज़िल ने बढ़के हमको गले से लगा लिया
रफ़्तार में हमारी अगर कुछ कमी रही

कुछ पल गुज़ार कर वो परिन्दा तो उड़ गया
इक बेजुबान शाख़ थी, बस कांपती रही

उस दश्त में अंधेरे भटकते रहे तमाम
और रौशनी भी अपना पता पूछती रही

रंगे दुनिया कितना गहरा हो गया
आदमी का रंग फीका हो गया

रात क्या होती है हमसे पूछिए
आप तो सोए, सवेरा हो गया

डूबने की ज़िद पे कश्ती आ गई
बस यहीं मजबूर दरिया हो गया

आज ख़ुद को बेचने निकले थे हम
आज ही बाज़ार मन्दा हो गया

ग़म अंधेरे का नहीं दानिश मगर
वक़्त से पहले अंधेरा हो गया

हम अपने दुख को गाने लग गये हैं
मगर इसमें ज़माने लग गये हैं

किसी की तर्बियत[1] का है करिश्मा
ये आंसू मुस्कुराने लग गये हैं

कहानी रूख़ बदलना चाहती है
नये किरदार आने लग गये हैं

जिन्हें हम मन्ज़िलों तक लेके आये
वही रस्ता बताने लग गये हैं

ये मुमकिन है किसी दिन तुम भी आओ
परिन्दे आने जाने लग गये हैं

शराफ़त रंग दिखलाती है दानिश
कई दुश्मन ठिकाने लग गये हैं

---

1. ट्रेनिंग

वो जो बुझता हुआ सितारा है
कोई समझे तो इक इशारा है

इश्क़ ने रूप ही बदल डाला
अक्स भी अब कहाँ हमारा है

एक मंज़र से कितने पसमंज़र
कितनी मौजों से इक किनारा है

हर बला पूछती है अब मुझसे
किसने सदक़ा तेरा उतारा है

फिर वही इम्तिहान है दानिश
फिर उसी शेख़ ने पुकारा है

मुझमें कुछ पंछियों का डेरा है
सब रूतों का तभी तो फेरा है

रौशनी ढल रही है लफ़्ज़ों में
कितनी मुश्किल में अब अंधेरा है

मुझमें तू गूंजता है हर लम्हा
तुझमें जो अक्स है वो मेरा है

रात है ख़्वाब देखने के लिए
जागने के लिए सवेरा है

इक इरादे की देर है दानिश
चाक़-चौबन्द सिर्फ़ घेरा है

दर्द सीने में छिपाए रक्खा
हमने माहौल बनाए रक्खा

मौत आई थी कई दिन पहले
उसको बातों में लगाए रक्खा

थे भटकने के बहुत अन्देशे
इश्क़ ने हमको बचाए रक्खा

वरना तारों को शिकायत होती
हमने हर ज़ख़्म छिपाए रक्खा

दश्त[1] में आई बला टलने तक
शोर चिड़ियों ने मचाए रक्खा

काम दुश्वार था फिर भी दानिश
ख़ुद को आसान बनाए रक्खा

---

1. जंगल

मिली है धूप तो फिर सायबान क्या होना
ज़मीं पे रहते हुए आसमान क्या होना

कुछ एक छींटे तो आते तुम्हारे दामन पर
जब इतने रंग हैं तो बेनिशान क्या होना

सवाल पूछे तो दुनिया को लाजवाब करो
ज़बान वाले हो तुम, बेज़बान क्या होना

उस एक लम्हे को ढूंढो, जो तुमको ढूंढता है
गुज़रते लम्हों से यूँ बदगुमान क्या होना

जब अपने आप ही में राह भी है, मन्ज़िल भी
तो अपने आप ही के दरमियान क्या होना।

छिपा हुआ है जो पीछे हरेक मंज़र के
ये आरज़ू है कि देखूँ उसे नज़र भर के

तो आस्मां को सजाता मैं और ही ढब से
अगर सितारे मिले होते सब बराबर के

यक़ीन कर के तो देखो तुम अपनी हस्ती पर
बदलने लगते हैं सब फ़ैसले मुक़द्दर के

कोई न कोई इधर झील है मुहब्बत की
तभी तो आते हैं इतने परिन्दे बाहर के

कोई तो है जो हमें टोकता है रह रह कर
हमीं समझते नहीं हैं इशारे अन्दर के

इल्म जब होगा किधर जाना है
हाय, जब तक तो गुज़र जाना है

इश्क़ इक लम्हे में सदियां जीना
इश्क़ इक लम्हे में मर जाना है

राह रोकेंगे सितारे फिर भी
आसमानों से उतर जाना है

इश्क़ कहता है भटकते रहिए
और तुम कहते हो घर जाना है

अपनी सरहद से निकलकर दानिश
इन फ़ज़ाओं में बिखर जाना है

ज़रा सा काम है मौला, इसे अगर कर दे
मेरा जो ख़ुद से तअल्लुक़ है, मोतबर[1] कर दे

मैं रेगज़ार[2] हूँ, उस अब्र की तलाश में हूँ
जो मुझसे दूर रहे और मुझको तर कर दे

मैं अपने आप से बाहर निकलना चाहता हूँ
मेरे ख़याल की दुनिया में कोई दर कर दे

ये तेरा इश्क़ सिमटता नहीं है इस दिल से
किसी तरह तू मेरे दिल को इश्क़ भर कर दे

तेरे दयार में ऐसा भी कोई वक़्त आए
कि सब पुकार उठें, हमको बेख़बर कर दे

मैं जब बुलाऊँ परिन्दे पलट के आ जाएं
मेरे वजूद को ऐसा घना शजर कर दे

---

1. विश्वसनीय 2. रेगिस्तान

सफ़र को और कुछ दुश्वार करते
अभी मंज़िल को तुम इनकार करते

अगर की भी तो क्या चारागरी[1] की
किसी को इश्क़ में बीमार करते

तो इक दिन तुमसे ख़ुशबू आने लगती
अगर फूलों का कारोबार करते

तो फिर ऐसा हुआ कि रो पड़े हम
कहां तक जुर्म से इनकार करते

अगर बेजान होते सूखे पत्ते
तो कैसे दश्त[2] को बेदार[3] करते

---

1. इलाज 2. जंगल 3. जाग्रत, सचेत

कभी मायूस मत होना किसी बीमार के आगे
भला लाचार क्या होना किसी लाचार के आगे

मुहब्बत करने वाले जाने क्या तरकीब करते हैं
वगरना लोग तो बुझ जाते हैं इनकार के आगे

बिकाऊ कर दिया दुनिया को जिसने होशियारी से
बिछी जाती है ये दुनिया उसी बाज़ार के आगे

तुम्हें मौजें बताएंगी किसी दिन राज़ दरिया का
कई मझधार होते हैं वहां मझधार के आगे

किसी ठहरे हुए लम्हे की क़ीमत वक़्त से पूछो
उसी से टूट कर लम्हा रहा रफ़्तार के आगे

डराता है किसी मंज़िल पे आकर ये तजस्सुस[1] भी
न जाने कौन सा मंज़र हो किस दीवार के आगे

मगर ये बात समझाएं तो समझाएं किसे दानिश
कोई भी शय बड़ी होती नहीं किरदार के आगे

---

1. जिज्ञासा, तलाश

मैं ख़ुद से किस क़दर घबरा रहा हूँ
तुम्हारा नाम लेता जा रहा हूँ

गुज़रता ही नहीं वो एक लम्हा
इधर मैं हूँ कि बीता जा रहा हूँ

इसी दुनिया में जी लगता था मेरा
इसी दुनिया से अब घबरा रहा हूँ

ज़माने और कुछ दिन सब्र कर ले
अभी तो ख़ुद से धोखे खा रहा हूँ

बढ़ा दे लौ ज़रा तन्हाईयों की
शबे फुरक़त, मैं बुझता जा रहा हूँ

'मुहब्बत अब मुहब्बत हो चली है'
यही तो सोचकर घबरा रहा हूँ

ये नादानी नहीं तो क्या है दानिश
समझना था जिसे, समझा रहा हूँ

वो जो सादा था, बेज़ुबान भी था
उसका हर लम्हा इम्तिहान भी था

मेरी हर गुफ़्तगू ज़मीं से रही
यूँ तो फ़ुर्सत में आसमान भी था

जब नतीजा सुनाया लोगों ने
तब लगा मेरा इम्तिहान भी था

क्या ख़ुशी थी कि जिसके साए में
हम भी थे ख़ौफ़ में जहान भी था

जब मेरे पांव से ज़मीं खिसकी
तब लगा सर पे आसमान भी था

इश्क़ ने फूल कर दिया वरना
ख़ार तो अपने दरम्यान भी था

लम्हा-लम्हा जीना मरना पड़ता है
इश्क़ में अपने आप से डरना पड़ता है

चेहरे को आईना करना मुमकिन है
अन्दर से भी मगर संवरना पड़ता है

कुछ लम्हे जब दिल पर दस्तक देते हैं
सांसों को कुछ देर ठहरना पड़ता है

पानी की सरगम सुनने की चाहत में
बादल को धरती पे उतरना पड़ता है

दानिश यूँ तस्लीम नहीं करती दुनिया
अपने आपको साबित करना पड़ता है

अगर कुछ दाव पर रख दें, सफ़र आसान होगा क्या
मगर जो दाव पर रक्खेंगे, वो ईमान होगा क्या

कमी कोई भी हो वो ज़िन्दगी में रंग भरती है
अगर सब कुछ ही मिल जाए तो फिर अरमान होगा क्या

बगूला सा कोई उठता है क्यों रह-रह के सीने में
जो होना है तअल्लुक़ का, इसी दौरान होगा क्या

तवज्जो उसकी कम होने से सांसें लड़खड़ाती हैं
अगर वो भूल जाए तो बड़ा नुक़्सान होगा क्या

कहानी का अहम किरदार क्यों ख़ामोश है दानिश
कहानी का सफ़र आगे बहुत वीरान होगा क्या

अगर अपनी दुनिया का मंज़र बनाऊँ
अंधेरा, उजाला बराबर बनाऊँ

यहाँ चांद रक्खूँ, वहाँ घर बनाऊँ
जब उसके लिए कोई मंज़र बनाऊँ

किसी दिन ये सब कुछ मेरे बस में हो तो
उसे कारीगर, ख़ुद को पत्थर बनाऊँ

मुकम्मल तभी होगी तस्वीर उसकी
जब अपना पसन्दीदा तेवर बनाऊँ

वो दरया सा बढ़ता चला आ रहा है
मैं ख़ुद को समन्दर–वमन्दर बनाऊँ

ये दुनिया मुहब्बत को तस्लीम कर ले
मैं दानिश कोई ऐसा मन्तर बनाऊँ

आंख में आंसू, जिगर में दर्दो वहशत चाहिए
दास्ताने-इश्क़ सुननी है तो हिम्मत चाहिए

ज़हन से पूछो कि कैसे पांव धरती पर रहें
दिल का क्या है, उसको तो हर वक़्त जन्नत चाहिए

हर नदी की आख़िरी मंज़िल समन्दर है मगर
उसको झरना बन के गिरना है तो परबत चाहिए

बेख़ुदी में नाम उसका लब पे क्यों आया नहीं
इम्तिहाने-इश्क़ को क्या और मोहलत चाहिए

हर नतीजा जानता है, फिर भी दुनिया की तरह
वो भी अंधी दौड़ है, उसको भी शोहरत चाहिए

बात बनती अगर बनाने से
लोग होते सभी ठिकाने से

कितने साए लिपट गए मुझसे
रौशनी के क़रीब आने से

कितना ख़ामोश हो गया है वो
दिल में इक शोर डूब जाने से

एक मोती न होता दामन में
ख़त्म होते अगर लुटाने से

दूर तक वो कहाँ गए दानिश
जो परिन्दे उड़े, उड़ाने से

आँसू को मुस्कान बनाना आता है
इस मोती का मोल बढ़ाना आता है

रातों का कितना एहसान है मुफ़लिस पर
ख़्वाब में उसके रोज़ ख़ज़ाना आता है

मोड़ नया आ जाता है अफ़साने में
जब कोई किरदार पुराना आता है

खुद पहचान बताती है आमद उसकी
मौसम को कब नाम बताना आता है

लुत्फ़ वही लेता है दानिश जीने का
मौत से जिसको आँख मिलाना आता है

जब एहसास कोई चेहरा हो जाता है
मन्ज़र-मन्ज़र आईना हो जाता है

रात कहानी में मरने वाला किरदार,
दिन होते ही क्यों ज़िन्दा हो जाता है

माली चाहे कितना भी चौकन्ना हो
फूल और तितली में रिश्ता हो जाता है

अपने अन्दर बस्ती भी है, जंगल भी
इसीलिए गुम हर रस्ता हो जाता है

गुलशन गुलशन हो जाने की ख़्वाहिश में
धीरे-धीरे सब सहरा हो जाता है

अब लगता है ठीक कहा था ग़ालिब ने
बढ़ते-बढ़ते दर्द दवा हो जाता है

मंज़र लगता था वो, पसमंज़र निकला
घर में रहने वाला ही बेघर निकला

दिल का दुखड़ा छलक रहा है आंखों से
कहाँ छुपा था और कहाँ जाकर निकला

बुनियादें तो सबकी एक ही होती हैं
शीशमहल की नींव में भी पत्थर निकला

उसकी चाहत की इक दस्तक होते ही
दिल को देखो, कैसे सजधज कर निकला

धूप और छांव ने खुलकर ख़र्च किया ख़ुद को
तब जाकर ख़्वाबों जैसा मंज़र निकला

ख़ुद से यूँ नाराज़गी अच्छी नहीं
हर तरफ़ से वापसी अच्छी नहीं

जब हक़ीक़त रूबरू हो उस घड़ी
ख़्वाब की मौजूदगी अच्छी नहीं

रब्त रखिए राहगीरों से मगर
दोस्ती या दुश्मनी अच्छी नहीं

ये सफ़र की इब्तिदा है जानेमन
इब्तिदा में ख़ामशी अच्छी नहीं

कुछ का कुछ दानिश नज़र आने लगे
इस क़दर भी रौशनी अच्छी नहीं

उसको क्या-क्या हुनर नहीं आता
दर-ब-दर है, नज़र नहीं आता

शेर कहना, उदास हो लेना
ये हुनर भी अगर नहीं आता

जब से दुनिया का सच खुला हम पर
कोई झूठा नज़र नहीं आता

अब बुलन्दी पर आके लगता है
काश ज़ीना नज़र नहीं आता

कितने मंज़र बदल गए लेकिन
आने वाला नज़र नहीं आता

जब अपनी बेख़ुदी से, बेकली से कुछ नहीं होता
पुकारें क्यों किसी को हम, किसी से कुछ नहीं होता

सफ़र हो रात का तो हौसला ही काम आता है
अंधेरों में अकेली रौशनी से कुछ नहीं होता

कोई जब शहर से जाए तो रौनक़ रूठ जाती है
किसी की शहर में मौजूदगी से कुछ नहीं होता

चमक यूं ही नहीं पैदा हुई है मेरी जां तुझमें
न कहना फिर कभी तू, बेरूख़ी से कुछ नहीं होता

तुम्हारी ज़िंदगी में क्यों कोई हलचल नहीं होती
जब इतना शोर हो तो ख़ामशी से कुछ नहीं होता

तो कोई ख़्वाब देखो और फिर पीछा करो उसका
अगर लगता है तुमको आदमी से कुछ नहीं होता

हमख़यालों से मशवरा भी करो
जी में आए तो अनसुना भी करो

ख़ामशी मसअलों का हल तो नहीं
मसअले हैं तो सामना भी करो

ख़ुद से मिलने का ये भी रस्ता है
शहर में घूमो, रतजगा भी करो

घर के मुख़्तार हो, सुनो सबकी
क्या ज़रूरी है फ़ैसला भी करो

ये शराफ़त, उसूल अच्छा है
काम लेकिन कभी नया भी करो

हाथ आ जाते हैं ख़ज़ाने भी
रास्ते में कहीं रुका भी करो

रात ढलने को आ गई दानिश
अब फ़साने की इन्तिहा भी करो

इकतारे में तार नहीं है
फिर भी ये बेकार नहीं है

दिल इक आलीशान हवेली
कोई पहरेदार नहीं है

कल तक क्या-क्या चाह नहीं थी
अब कुछ भी दरकार नहीं है

साया बांटे देख देख कर
पेड़ का ये किरदार नहीं है

सच तो ये है रौशन घर में
रौशन, हर दीवार नहीं है

ये कैसी दुनिया है दानिश
चेहरा है, किरदार नहीं है

कहीं क़ातिल न मसीहा निकले
आख़िरश हम ये किधर आ निकले

शब की चौखट पे सहर होते ही
हाज़िरी देने उजाला निकले

वैसे तूफ़ान थमा है लेकिन
गर्द बैठे तो परिन्दा निकले

इम्तिहां तक थी हमारी कोशिश
अब जो निकले सो नतीजा निकले

शाख़ कह-कह के लचक जाती है
आंधियों की भी तमन्ना निकले

ये ज़रूरी तो नहीं है दानिश
तुम जिसे परखो नगीना निकले

ध्यान की सीढ़ियां उतर जाऊँ
आसमानों पे ही ठहर जाऊँ

उसकी ख़ातिर जीऊँ मैं सदियों तक
और सदियों में रंग भर जाऊँ

जाने किस ओर से सदा आई
कोई बतलाओ मैं किधर जाऊँ

अक्स उसका उदास रहता है
जिस्म के पार अब उतर जाऊँ

वो मेरी शख़्सियत का हिस्सा है
बस इसी कैफ़ियत से डर जाऊँ

गुमशुदा दश्त काश मिल जाए
मैं भटकता हुआ गुज़र जाऊँ

वो भी दुनिया से डर गया शायद
कम था मुझमें भी हौसला शायद

उसकी आवारगी तमाम हुई
कोई दरवाज़ा खुल गया शायद

वक़्त से वक़्त मिल रहा है अभी
मांग लूं फिर वही दुआ, शायद

ढूँढता मुझमें, वो मुझी को अगर
सिलसिला यूं न टूटता शायद

कितना दिलकश है ये भरम दानिश
वो मुझे देखकर रुका शायद

इक न इक दर तो खुला होता है
ये भी किस-किस को पता होता है

देर तक ख़ुद से न रूठो प्यारे
इसका अंजाम बुरा होता है

ज़िन्दगी रूप बदल लेती है
सिर्फ़ मर जाने से क्या होता है

उम्र होती है पुरानी हर दिन
तजरूबा रोज़ नया होता है

रात ढलती ही कहाँ है दानिश
दिन निकल जाने से क्या होता है

जहाँ तक ज़िन्दगी के सिलसिले हैं
वहाँ तक तजरूबे ही तजरूबे हैं

ख़मोशी ओढ़ के सोए हुए हैं
हमारे दरम्यां जो फ़ासले हैं

हुई जाती है छोटी हर बुलन्दी
परिन्दे हैं कि उड़ते जा रहे हैं

कोई पत्थर बना दे, इसलिए हम
तिलिस्मों के नगर में आ बसे हैं

किसी सूरत भी जो मुमकिन नहीं है
उन्हीं ख़्वाबों के ख़्वाब आने लगे हैं

उधर वो धूप ढलती जा रही है
इधर साये हैं, बढ़ते जा रहे हैं

किधर की है चमक, जो चांद में है
सितारे सब हक़ीक़त जानते हैं

उसी को दास्तां अपनी सुनाई
कि जिस से सब गिले-शिकवे रहे हैं

ज़मानासाज़ हैं जो लोग दानिश
वो अपने आप से बिछड़े हुए हैं

रंग भरते नहीं जो ख़्वाहिश में
टूट जाते हैं एक लग्ज़िश में

कुछ सितारे तो खो ही जाते हैं
चांदनी की हसीं नुमाइश में

जाने क्या आ पड़ी परिन्दे को
जो निकल आया ऐसी बारिश में

अब तो पानी पहाड़ काट चुका
अब नहीं रह सकेगा बंदिश में

अपनी पहचान ही गंवा बैठे
तुम किसे ढूँढने की कोशिश में

आ गले मिल के रो लें ऐ हमदम
मैं भी गर्दिश में, तू भी गर्दिश में

कितने साए बिछड़ गए दानिश
सिर्फ़ इक रोशनी की ख़्वाहिश में

साहिल है दूर, साथ निगेहबान हैं बहुत
इस बार डूब जाने के इम्कान हैं बहुत

हालात ने तुम्हें भी बहुत कुछ सिखा दिया
कुछ तजरूबों के मुझपे भी एहसान हैं बहुत

जिनके तअल्लुक़ात रहे तीरगी के साथ
वो लोग रौशनी से परेशान हैं बहुत

ईमान किसका क्या है अलग बात है मगर
इस शहर में भी साहिबे-ईमान हैं बहुत

ये कौन सा मक़ाम है दानिश हयात का
कुछ लोग तुमको देख के हैरान हैं बहुत

राजा दे ना रानी दे
सच्ची एक कहानी दे

दुनिया रैन बसेरा है
तो फिर नींद सुहानी दे

मरने वाले मर जाएं
इतनी तो आसानी दे

दिल में कोई दर्द जगा
दर्द को गहरा पानी दे

भेज कोई दीवाना फिर
मुझको मेरा सानी दे

जैसा भी दे आईना
आंखों को हैरानी दे

बेशक हो पहचान नई
सूरत वही पुरानी दे

वो भी मेरे ही जैसा है
हंसते-हंसते रो पड़ता है

लिख लो हथेली पर चाहो तो
इतना सा तो नाम-पता है

कल की रात कहां काटूंगा
इक बंजारा सोच रहा है

जिसको बाँट नहीं सकते हम
उस ग़म को पीना पड़ता है

तुम तो चाहे जब आ जाते
वक़्त बता कर सितम किया है

दस्तक देते रहना दानिश
दरवाज़ा खुल भी सकता है

मेरी हर आहट पे तेरा ध्यान है
ज़िन्दगी, तेरा बड़ा एहसान है

रतजगों से हम अकेले ही नहीं
रात भी आबाद है, गुंजान है

ख़ूब है ये ज़िन्दगी का रंग भी
गुल नहीं, गुलशन नहीं, गुलदान है

रौनक़ें लाया तो है बाज़ार से
फिर भी अन्दर से बहुत वीरान है

इब्तिदा-ए-इश्क़ में दानिश हमें
लग रहा था ये सफ़र आसान है

पत्थर पहले ख़ुद को पत्थर करता है
उसके बाद ही कुछ कारीगर करता है

कान लगाकर मौसम की बातें सुनिए
कुदरत का सब हाल उजागर करता है

एक ज़रा सी कश्ती ने ललकारा है
अब देखें क्या ढोंग संमदर करता है

उसकी बातों में रस कैसे पैदा हो
बात बहुत ही सोच-समझकर करता है

जिसको देखो, दानिश का दीवाना है
क्या वो कोई जादू-मन्तर करता है

जीते-जी ये रोज़ का मरना ठीक नहीं
अपने आप से इतना डरना ठीक नहीं

मीठी झील का पानी पीने की ख़ातिर
उस जंगल से रोज़ गुज़रना ठीक नहीं

कुछ मौजों ने मुझको भी पहचान लिया
अब दरया के पार उतरना ठीक नहीं

रात बिखर जाती है दिन की उलझन से
रात का लेकिन रोज़ बिखरना ठीक नहीं

वरना तुझसे दुनिया बच के निकलेगी
ख़ुद से इतनी बातें करना ठीक नहीं

सीधे-सच्चे बाशिन्दे हैं बस्ती के
दानिश इन पर जादू करना ठीक नहीं

रौनक़ से मैं भी इनकार नहीं करता
हाँ, लेकिन ख़ुद को बाज़ार नहीं करता

जाने क्या उलझन है खिलौने वाले की
जाने क्यूँ गुड़िया तैयार नहीं करता

रिश्ते को बुनियाद बनाता हूँ लेकिन
रिश्ते को हरगिज़ दीवार नहीं करता

उसकी मजबूरी को दरया क्या जाने
ख़्वाब में भी जो दरया पार नहीं करता

तुम भी दानिश जाने क्या-क्या करते हो
काम ये कोई दुनियादार नहीं करता

बस, मुश्किल से बच के निकलना आता है
अब किसको माहौल बदलना आता है

भेस बदलने में तुम माहिर हो बेशक
उसको तो किरदार बदलना आता है

साथ तुम्हारे चलते तो कैसे आता
ये जो हमको गिर के सँभलना आता है

उसको सीधी-सच्ची राह नहीं भाती
दाएँ-बाएँ जिसको चलना आता है

आज उसी की दुनिया है दानिश साहब
जिसको हर साँचे में ढलना आता है

ख़ुदी को दान करके देखते हैं
सफ़र आसान करके देखते हैं

अभी तक फ़ायदे में उसको रक्खा
ज़रा नुक़सान करके देखते हैं

परखना है ख़ुद अपने आप को भी
कोई एहसान करके देखते हैं

इधर माहौल कुछ अच्छा हुआ है
कोई ऐलान करके देखते हैं

नज़र में रौनक़ें चुभने लगी हैं
फ़ज़ा वीरान करके देखते हैं

मनाने से नहीं मानेगा दानिश
उसे हैरान करके देखते हैं

और भी हैं जो ख़्वाब सजाते रहते हैं
लोग हमीं को क्यों समझाते रहते हैं

डूब के दरया पार किया करते हैं हम
कश्ती वाले शोर मचाते रहते हैं

रात को रौशन करने में कैसी उलझन
लोग तो दिन में जोत जगाते रहते हैं

दुनिया में वो लोग भी गुज़रे हैं, जिनका
दुनिया वाले क़र्ज़ चुकाते रहते हैं

और तो हमको कोई काम नहीं आता
बस ग़ज़लों के शेर सुनाते रहते हैं

धीरे-धीरे, ठहर-ठहर कर आता है
कोई हुनर जीते-जी मर कर आता है

ग़ैरज़रूरी कम कर दो सिंगार अगर
फिर देखो, क्या रूप निखर कर आता है

धरती से कुछ काम पड़ा होगा वरना
आसमान से कौन उतर कर आता है

हंगामे उसकी फ़ितरत में शामिल हैं
रोज़ समेटो, रोज़ बिखर कर आता है

शाम से उसकी कुछ अनबन होगी दानिश
रात गए ही चांद संवर कर आता है

नींद है, ख़्वाब है, हक़ीक़त है
और किस चीज़ की ज़रूरत है

गुफ़्तगू क्या हुई परिन्दों में
शाख़ समझी नहीं, ग़नीमत है

ये जो सामान है मेरे घर में
मेरी ख़्वाहिश नहीं, ज़रूरत है

चिट्ठियों के जवाब लिख डालूं
आज कुछ तल्ख़ियों से फ़ुर्सत है

इत्तिफ़ाक़न मिले थे हम लेकिन
अब जो बिछड़े तो बस क़यामत है

ये ख़ुशी भी है क्या ख़ुशी दानिश
ये भी इक शख़्स की अमानत है

रौशनी, बस तीरगी के पार है
रास्ता लेकिन बहुत दुश्वार है

देखने को इक वही तस्वीर बस
और लिपटने को वही दीवार है

चीख़ती आवाज़ दब कर रह गई
ख़ामशी के सामने लाचार है

ज़िन्दगी देती रही उसको फ़रेब
जिसने भी समझा कि वो हुशियार है

तीर कितने ही लगे हैं घात में
इक परिन्दा उड़ने को तैयार है

वही सुख, वही दुख, वही आदमी है
यही ज़िन्दगी है तो क्या ज़िन्दगी है

वो देखो, परिन्दों की आवाज़ सुन कर
किरन आँख मलती हुई उठ रही है

अगर कर सको, इसको महफ़ूज़ कर लो
ये लहजा तुम्हारा बहुत क़ीमती है

नहीं है अब इसके सिवा कोई चारा
तुम्हारी ख़ुशी में हमारी ख़ुशी है

यक़ीं मुझको करना पड़ा आज दानिश
मुक़द्दर भी है कुछ अगर ज़िन्दगी है

देर लगेगी खुलने में
कौन है किसके हिस्से में

एक वही बस साथ रहा
बिछड़ गया जो रस्ते में

फूल से प्यारे चेहरे हैं
धरती के गुलदस्ते में

उलझन तो है बरसों की
सुलझेगी इक लम्हे में

बात बदल भी सकती है
दिल से लब तक आने में

तनहाई से डरते थे
आ बैठे वीराने में

पेड़ नज़र आ जाता है
दानिश पत्ते-पत्ते में

ज़ख़्म है तो ज़ख़्म भरना चाहिए
है अगर नासूर, मरना चाहिए

चन्द लम्हे ज़िन्दगी का अक्स हैं
ऐसे लम्हों को ठहरना चाहिए

रंग को चेहरा बनाने के लिए
रंग में गहरे उतरना चाहिए

वरना वो सैलाब आएगा कि बस
आज दरया को उतरना चाहिए

शेर कहने के लिए दानिश मियां
रोज़ जीना, रोज़ मरना चाहिए

नज़्म

हमेशा सोचता हूँ मैं...
(मुनीर नियाज़ी को याद करते हुए)

मेरी ख़ामोशियाँ

उसकी सदा में सुर मिलाती थीं

मेरी साँसें

उन्ही सरगोशियों को गुनगुनाती हैं

वो माज़ी भी है मेरा

और वो ही मेरा हाज़िर है

वो मेरी दास्ताँ का

हर्फ़े-अव्वल, हर्फ़े-आख़िर है

मगर एहसास ये दिल के

ज़बां तक लेकर आने में

कभी नज़दीक जाकर

उसको ये सब कुछ बताने में

कभी नाराज़ लम्हों को

सलीक़े से मनाने में

उदासी के भँवर में

उसको जाने से बचाने में

तबस्सुम की किरन से

उसके लब को जगमगाने में

और उसके ख़्वाबगाहों को
चराग़ों से सजाने में
कमी कोई न रह जाए
हमेशा सोचता हूँ मैं...

रक़्स

उजले उजले लिबास पहने हुए
बढ़ती आती है रात बिरहन सी
हिज्र की आंच में झुलसता हुआ
गाता जाता है चांद राग विहाग
ताल देता है साँवला मंज़र
लम्हा लम्हा थिरकता जाता है
रक़्स में कायनात की धड़कन

मौजूदगी

मेरे आबाद लम्हों में
मेरी वीरानियों में भी
तेरी मौजूदगी
मुझको मुकम्मल करती रहती है
गुज़रती उम्र का एक-एक लम्हा
तुझसे रौशन है
मेरे होने, न होने का पता
बस एक तू ही है
हज़ारों कोशिशें की मैंने
तुझको लफ़्ज़ में ढालूँ
कहानी कोई लिक्खूँ
तुझपे कोई नज़्म कह डालूँ
मगर एहसास को तेरे
कोई एक रूप दे देना
मगर विस्तार को तेरे
किसी एक हद में ले आना
नहीं, हरगिज़ नहीं है मेरे बस में
मेरे बस में... सुन!

जादू

हवाएं छेड़ती हैं
नर्म, मद्धम और कोमल सुर
ज़मीनो – आस्मां दिल की सदाएं
सुनने लगते हैं
फ़ज़ाएं झूम उठती हैं...
कोई दिल जगमगाता है
किसी के अक्स की लौ में
तो क़ुदरत मुस्कुराती है
मुहब्बत अपने आलम में
नए जादू जगाती है
कोई लम्हा
नए लम्हे में फिर तब्दील होता है...

रोने की आवाज़

फ़लक को चूमती सी सामने वो जो इमारत है
उसी की बीसवी मंज़िल पे मेरा रहना होता है
बुलन्दी का मुझे एहसास अक्सर होता रहता है
नशा सा होता है और मैं नशे में डूब जाता हूँ
मगर जब बढ़ते-बढ़ते नश्शा मुझमें डूब जाता है
तो अन्दर से मेरे रोने की इक आवाज़ आती है
मैं पीछा करता हूँ आवाज़ का बैचेन होता हूँ
तड़प उठता हूँ, अपने आपको झकझोरता हूँ मैं
ये मुझमें रोने वाला कौन है?
बचपन का घर है क्या?

तेरे मौसम

लाल, गुलाबी गहरे और हलके मौसम
रक़्स किया करता हूँ जिनकी धुन पर मैं
एक उजाला मुझमे उतरता रहता है
गूंजता रहता है मेरे अन्दर-अन्दर
गहराई तक बसी हुई इक ख़ुशबू है
उस ख़ुशबू का पीछा करती इक तितली
मेरे वीराने में रंग उड़ाती है
झूमता रहता है और भीगता रहता है
मेरे जिस्म का जंगल तेरी बारिश में
मेरे सूरज, चांद कहीं खो जाते हैं
मुझमें ज़िन्दा रहते हैं तेरे मौसम

मन चिड़िया

शाम हुई तो सूरज अपने घर लौटा
सुस्त हुए सब रोज़ो-शब के हंगामे
पेड़ के इक आवाज़ पे सब के सब पंछी
अपने- अपने रैन बसेरों में लौटे
लेकिन ये मन चिड़िया कितनी पागल है
शाम ढली... और इसने अपने पर खोले

उतरती रूतों का घर

तितलियों के पीछे भागें रंग छूने के लिए

लूटकर गिरती पतंगों को कहीं खो जाएं हम

मां पुकारे तो कभी आएं कभी छिप जाएं हम

फिर से खिलने के लिए कुम्हलाएं छोटी बात पर

चंद लफ़्ज़ों में लिखें पूरी कहानी हाथ पर

रात में तारों को गिन गिन कर उन्हें कुछ नाम दें

चांद घर में बैठी बुढ़िया को भी कोई काम दें

पर तजस्सुस[1] और वो हैरानी भरा मंज़र तो हो

सब रूतें जिसमे उतरती थीं वो कच्चा घर तो हो

---

1. जिज्ञासा

काश

सारे सुख आके जा चुके होते
दुख हमें आज़मा चुके होते
हर जुदाई को जी चुके होते
अपने होंटों को सी चुके होते

सारे सूरज निकल चुके होते
हर अंधेरा निगल चुके होते
रंग चेहरों के धुल चुके होते
सारे किरदार खुल चुके होते

लोग एहसान कर चुके होते
हम जहां थे ठहर चुके होते
ख़ुद से जी भर के डर चुके होते
और जीते जी मर चुके होते

सच कहीं मुंह छिपा चुका होता
झूठ दुनिया को खा चुका होता
रोज़ो – शब आ के जा चुके होते
अपने करतब दिखा चुके होते

काश सब कुछ ये हो चुका होता
फिर जो मिलता कभी कहीं तुमसे
जो भी होता, नया-नया होता

अशआर

• 1 •

ये कहां की रीत है, जागे कोई सोए कोई
रात सबकी है तो सबको नींद आनी चाहिए

क्यों ज़रूरी है किसी के पीछे-पीछे हम चलें
जब सफ़र अपना है तो अपनी रवानी चाहिए

• 2 •

चलो तो हौसला दिल में हो, और यक़ीन भी हो
फ़लक भी साथ चले, हमसफ़र ज़मीन भी हो

• 3 •

वक़्त   की   जादूगरी   भी   देख   ली
आदमी   की   बेबसी   भी   देख   ली

होता   है   जिसका   तसव्वुर   भी   मुहाल
हमने   तो   वो   रौशनी   भी   देख   ली

ज़िन्दगी   के   नक़्श   मिटते   ही   नहीं
कुछ   नहीं   है   ख़ुदकुशी   भी,   देख   ली

• 4 •

तुमसे ही छूटता नहीं जंगल तो क्या करें
वरना फ़रार होने का इक रास्ता तो है

• 5 •

कई दिनों से मुझे अपनी कुछ ख़बर ही नहीं
मेरे ख़याल बुलन्दी से अब उतार मुझे

ये मुझसे हो नहीं सकता कि सच को सच न कहूँ
ज़माना करता है, करता रहे शिकार मुझे

• 6 •

फ़लक पे चाँद सितारे टंगे है सदियों से
मैं चाहता हूँ ज़मीं पर इन्हें उतारे कोई

है दुख तो कह लो किसी पेड़ से, परिन्दे से
अब आदमी का भरोसा नहीं है प्यारे कोई

तुम्हें ये दुनिया कभी फूल तो नहीं देगी
मिले हैं कांटे तो कांटों को ही गुलाब करो

सियाह रातो! चमकती नहीं है यूं तक़दीर
उठाओ अपने चिराग़ों को माहताब करो

जाने किस किस की निगेहबानी में है
फिर भी ये दुनिया परेशानी में है

जल रहा है क्यों जब इक दरया है वो
कौन सी है आग जो पानी में है

बीच भंवर से कश्ती कैसे बच निकली
बहुत दिनों तक दरया भी हैरान रहा

हर आहट पर तेरी ख़ुशबू आती थी
जब-जब तेरे आने का इम्कान रहा

आज ख़ुद को बेचने निकले थे हम
आज ही बाज़ार मन्दा हो गया

ग़म अंधेरे का नहीं दानिश मगर
वक़्त से पहले अंधेरा हो गया

कहानी रूख़ बदलना चाहती है
नये किरदार आने लग गये हैं

जिन्हें हम मन्ज़िलों तक लेके आये
वही रस्ता बताने लग गये हैं

मैं अपने आप से बाहर निकलना चाहता हूँ
मेरे ख़याल की दुनिया में कोई दर कर दे

ये तेरा इश्क़ सिमटता नहीं है इस दिल से
किसी तरह तू मेरे दिल को इश्क़ भर कर दे

• 13 •

अगर अपनी दुनिया का मंज़र बनाऊँ
अंधेरा, उजाला बराबर बनाऊँ

यहाँ चांद रक्खूँ, वहाँ घर बनाऊँ
जब उसके लिए कोई मंज़र बनाऊँ

• 14 •

पानी की सरगम सुनने की चाहत में
बादल को धरती पे उतरना पड़ता है

दानिश, यूँ तस्लीम नहीं करती दुनिया
अपने आपको साबित करना पड़ता है

• 15 •

जीते-जी ये रोज़ का मरना ठीक नहीं
अपने आप से इतना डरना ठीक नहीं

मीठी झील का पानी पीने की ख़ातिर
उस जंगल से रोज़ गुज़रना ठीक नहीं

शाम ढलते ही बुजुर्गों की तरह
पेड़ चिड़ियों को बुला लेता है

खेल समझे थे वो चरागों को
देखो, दामन जलाए बैठे हैं

मुद्दत हुई वो ख़ुद से मुसलसल फरार है
अब वापसी न होगी मगर इंतज़ार है

जब तक न वो मिला था अजब बेकली सी थी
वो मिल गया तो कौन-सा मुझको क़रार है

मंज़िल के बाद भी हमें चलने का हुक्म है
ये फ़ैसले भी ख़ूब हैं परवरदिगार के

अपनी जड़ों को अपनी ज़मीं में तलाश कर
किरदार साथ देंगे कहाँ तक उधार के

• 20 •

ख़ूब दुनिया ने तरक़्क़ी की मगर
मसअला है आबो-दाना आज भी

• 21 •

अश्क आते हैं तो आते ही चले जाते हैं
आ ही जाता है कभी ऐसा भी लम्हा कोई

• 22 •

है शबनम से समन्दर तक, मगर क्या शै है पानी भी
कहीं से कुछ निकलता है, कहीं से कुछ निकलता है

दे तो रहे हो दख़्ल तुम उसके निज़ाम में
उसने मिज़ाज बदला तो फिर बख़्शता नहीं

ज़िन्दगी में ग़म ज़रूरी शर्त है
ठीक है लेकिन ये कैसी शर्त है

ऐसा समझौता तो मुमकिन ही नहीं
मेरी मजबूरी तुम्हारी शर्त है

वही आस्मां था, वही आस्मां है
बुलन्दी का मेयार बदला कहाँ है

मसअला और हुआ करता है
वो गिला और किया करता है

अब इसी पर है परेशां सूरज
चाँद, तारों में रहा करता है

• 27 •

कुछ पल गुज़ार कर वो परिन्दा तो उड़ गया
इक बेज़ुबान शाख़ थी, बस काँपती रही

• 28 •

ख़ुश नज़र आते हैं गुल, गुलदान में
किस क़दर ग़ाफ़िल हैं झूठी शान में

• 29 •

दिल को कैसे क़रार आता है
ये लिखा ही नही किताबों में

इनको बुझते कभी नहीं देखा
कौन जलता है इन सितारों में

131

जाने कितनी रातें मेरे अंदर हैं
लेकिन मैंने गीत सहर का गाया है

बूढ़े शजर को टूटना, गिरना ही था कभी
आँधी ने इसमें कौन करिश्मा दिखा दिया

www.ingramcontent.com/pod-product-compliance
Lightning Source LLC
LaVergne TN
LVHW042203190726
843493LV00006B/1790